# ...'DE DE TÉLÉMÉTRIE MILITAIRE

### (A propos du nouveau Règlement sur le tir)

# APPLICATIONS

DE LA

# MÉTHODE STADIMÉTRIQUE

## LE PROCÉDÉ DU GUIDON

PAR

## Marcel RAUX

GARDE GÉNÉRAL STAGIAIRE DES EAUX ET FORÊTS.

# PARIS

## LIBRAIRIE MILITAIRE R. CHAPELOT et C⁰

IMPRIMEURS-ÉDITEURS

### 30, Rue et Passage Dauphine, 30

1906

# ÉTUDE DE TÉLÉMÉTRIE MILITAIRE

## (A propos du nouveau Règlement sur le tir)

# APPLICATIONS

DE LA

# MÉTHODE STADIMÉTRIQUE

## LE PROCÉDÉ DU GUIDON

PAR

## Marcel RAUX

GARDE GÉNÉRAL STAGIAIRE DES EAUX ET FORÊTS.

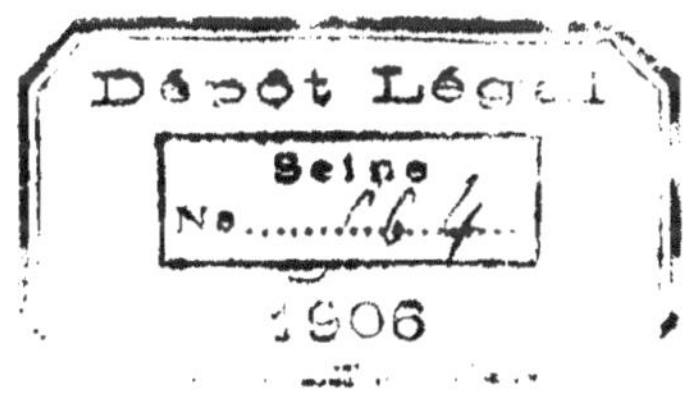


# PARIS

## LIBRAIRIE MILITAIRE R. CHAPELOT et Cᵉ

IMPRIMEURS-ÉDITEURS

### 30, Rue et Passage Dauphine, 30

1906

Tous droits réservés.

# ÉTUDE DE TÉLÉMÉTRIE MILITAIRE

(A propos du nouveau Règlement sur le tir)

## APPLICATIONS

DE LA

# MÉTHODE STADIMÉTRIQUE

## LE PROCÉDÉ DU GUIDON [1]

### I. — Qu'est-ce qu'un procédé stadimétrique ?

Dans le réticule d'une lunette servant de viseur à un instrument d'arpentage, on fixe deux fils parallèles et horizontaux. Un aide tient, à la distance que l'on veut mesurer, une mire placée verticalement et la tête en bas, car la lunette renverse les images des objets. Cette mire s'appelle *stadia*, d'où le nom du procédé. Si on regarde dans l'oculaire de la lunette, après avoir exécuté la mise au point, on voit que les fils horizontaux interceptent entre eux un certain nombre de divisions de la mire, nombre d'autant plus grand que la mire est plus éloignée de la lunette.

J'appelle *hauteur de l'étalon* la distance comprise entre les deux fils ; car, dans nos procédés de télémétrie militaire, on

---

remplace ces deux fils par les bords supérieur et inférieur d'un objet tenu en main à une certaine distance de l'œil de l'observateur.

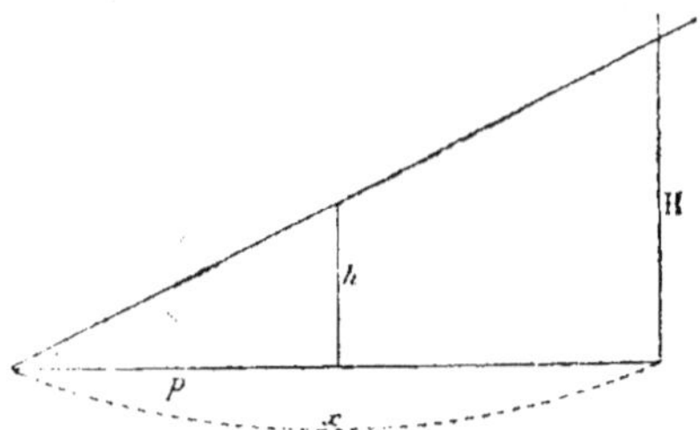

Soit :

II la hauteur interceptée sur la mire par l'étalon,

$h$ la hauteur de cet étalon ou distance entre les deux fils stadimétriques,

$p$ la distance de l'étalon à l'œil,

$x$ la distance cherchée et obtenue par ce procédé.

On a immédiatement la proportion :

$$\frac{p}{h} = \frac{x}{H},$$

d'où :

$$x = \frac{p}{h}.\tag{1}$$

formule fondamentale de la stadimétrie.

Si je fais $\frac{p}{h}$ égal à un nombre simple, 50, 100, 200, 1,000, soit pour fixer les idées à 100, j'aurai :

$$x = 100 \, H;\tag{2}$$

100 est le nombre *générateur*.

En somme, on substitue à la mesure d'une longueur difficile à évaluer par suite de la perspective, la mesure d'une hauteur plus facile à apprécier.

*Le principe fondamental repose donc sur l'invariabilité de la hauteur de l'étalon et sur la variabilité de la hauteur interceptée sur la mire ou sur l'objectif par l'étalon.*

*Quelle est l'approximation donnée par la méthode ?*

La stadimétrie comporte, en topographie, deux opérations :

1° Mesure indirecte des longueurs par la formule (1) ;

2° Mesure des pentes.

Les résultats recueillis permettront ensuite à l'aide de calculs effectués au cabinet d'obtenir les vraies longueurs ou projections horizontales et les différences de niveau.

Pratiquement, il est bon de ne pas faire de visées dépassant notablement une distance de 200 mètres ; dans ces conditions, on mesure les longueurs avec une approximation de $\dfrac{1}{500^e}$ environ.

*Causes d'erreurs.* — Les erreurs proviennent, à priori, de trois causes :

1° la pente que l'on néglige de mesurer :

2° le rapport $\dfrac{p}{h}$ qui n'est pas fixe ;

3° la lecture sur la mire ou l'évaluation de la hauteur couverte par l'étalon sur l'objectif ;

4° les deux dernières causes d'erreurs réunies.

Nous ne nous occuperons pas spécialement de la première cause d'erreur et nous verrons plus loin pourquoi.

*2ᵉ cause d'erreur.* — Dire que le rapport $\dfrac{p}{h}$ n'est pas fixe, c'est dire que $p$ ou $h$ ne sont pas invariables. Or dans le pro-

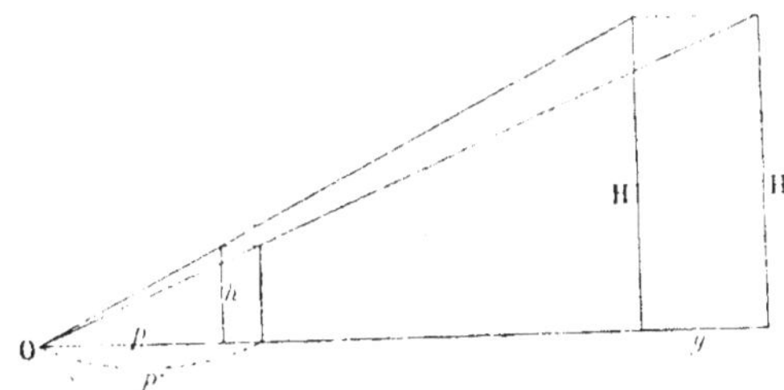


cédé du général Percin, $h$ est bien fixe puisque c'est une pile de quatre gros sous : $p$ ne l'est pas, lui, et c'est de là que viennent des erreurs. Supposons que nous lisions sur la mire la même hauteur, que $p$ soit ou non entaché d'erreur.

On a les proportions :

$$\frac{p'}{h} = \frac{x + y}{H},$$

d'où :

$$p'H = hx + hy,$$

$$\frac{p}{h} = \frac{x}{H},$$

d'où :

$$x = \frac{p}{h}H \; ;$$

finalement :

$$p'H = pH + hy,$$

$$y = \frac{(p' - p)H}{h}.$$

3e *cause d'erreur*. — On lit sur la mire une hauteur $H$ au lieu d'une hauteur $H + E$, E étant l'erreur :

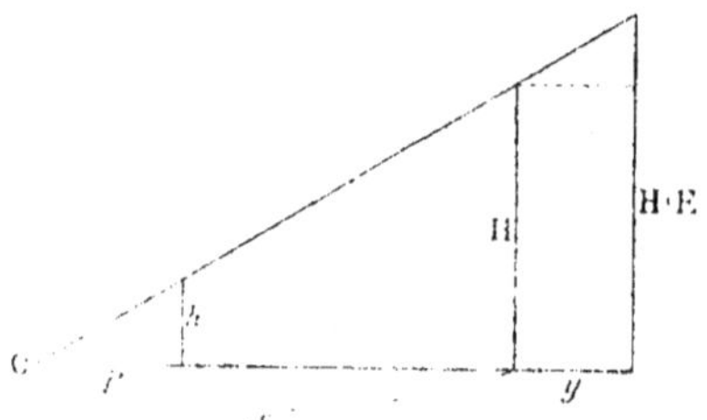


On a les proportions :

$$\frac{p}{h} = \frac{x}{H} = \frac{x + y}{H + E} = \frac{y}{E},$$

$$y = \frac{p}{h}E.$$

Si :

$$\frac{p}{h} = 100, \qquad y = 100\,E.$$

*Conclusion* : — Pour une erreur donnée E, il faut que $\frac{p}{h}$ soit aussi petit que possible. D'autre part, plus E a de chances d'être grande, plus il faut que $\frac{p}{h}$ soit petit. Donc, lorsqu'on opérera avec le procédé du général Percin sur des objectifs tels que des peupliers, objectifs sujets à de grandes erreurs d'évaluation, il faudra prendre un rapport $\frac{p}{h}$ aussi petit que possible, autrement dit augmenter $h$.

*4e erreur provenant des deux causes précédentes.* — Si l'on commet une première erreur $e$ sur la distance de l'œil à l'étalon et une deuxième erreur E sur la hauteur couverte sur la mire par l'étalon, on commettra une erreur finale $y$ sur la distance. Cette erreur est intéressante à évaluer par une formule qui nous permette de la discuter.

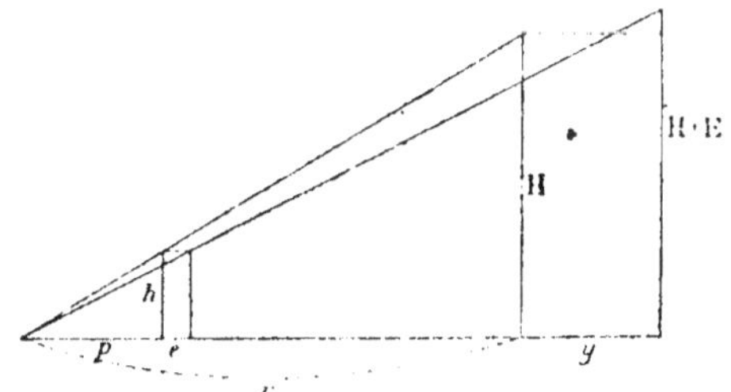


Les proportions nous donnent :

$$\frac{x+y}{H+E} = \frac{p+e}{h}. \qquad (2)$$

Remplaçons dans (2) la valeur trouvée pour $x$ dans (1). on a :

$$y = p\frac{E}{h} + e\frac{H}{h} + \frac{eE}{h}.$$

d'où :

$$y = 100\,E + \frac{e\,(H+E)}{h}.$$

Mais il faut, pour que cette formule puisse servir, donner des signes aux erreurs ; si l'erreur E est négative et l'erreur $e$ positive. on peut avoir une diminution finale de l'erreur ; car si $e$ est très petit, $\frac{H}{h}$ est d'autant plus grand que la distance est plus grande ;

si les erreurs sont de même signe, l'erreur finale peut être très grande. Et on verra plus loin que cette erreur ne porte pas sur des centimètres, mais sur des cinquantaines de mètres.


## II. — Que vaut le procédé du général Percin?

Rappelons ce procédé, application du procédé stadimétrique que nous venons d'exposer. Son auteur prend quatre gros sous à l'effigie de Napoléon III : l'épaisseur de leur pile est de $6^{mm},5$, et, en les tenant à 65 centimètres de l'œil, distance supposée normale pour un homme de taille moyenne étendant le bras, on réalise ainsi le rapport 100 ; d'où la conséquence que la pile de sous couvrira :

1 mètre à 100 mètres,
2 mètres à 200 —
$x$ — à $n \times 100$ mètres.

Ce n'est plus sur une mire ou stadia qu'on lit la hauteur couverte par l'étalon, c'est sur un objectif tel qu'une ferme, un mur, un poteau télégraphique dont on évalue auparavant la hauteur. On apprécie alors la hauteur couverte dans cet objectif par la pile de sous, et on multiplie cette hauteur par 100. Il ne s'agit pas de superposer par la pensée la pile de sous à elle-même, d'évaluer le nombre ou la fraction de fois qu'elle est contenue dans l'objectif et de faire ensuite une règle de trois. Cela est, en effet, faux pour plusieurs raisons : d'abord cette manière est théoriquement contraire au principe fondamental de la méthode exposé plus haut ; puis pratiquement nous ne commettons plus seulement deux erreurs de contact : une du contact inférieur avec le pied de l'objectif, une à la partie supérieure de la pile de sous, nous en commettons alors un nombre bien plus considérable.

D'ailleurs à la page 13 de sa brochure, le général Percin, nous dit dans un paragraphe qu'il intitule : facilité et rapidité d'exécution : « En somme, pour bien déterminer la distance d'un objectif, il suffit de bien le regarder, de le reconnaître, d'en évaluer une des dimensions, ou d'évaluer par comparaison celle d'un objectif auxiliaire convenablement choisi ; *puis de se figurer*

*que cette dimension est graduée en mètres, au moyen de chiffres
visibles de très loin.* Si l'on pouvait diriger sur le zéro de la gra-
duation un des côtés de l'unité d'angle, l'autre se dirigerait sur
le chiffre qui indique la distance ; celle-ci se lirait en quelque
sorte sur l'objectif lui-même. »

Tout cela vient confirmer ce que j'ai dit plus haut de *l'invariabilité de l'étalon*, et c'est pour cela que j'ai insisté sur le principe de la méthode stadimétrique.

Ce procédé, à première vue, présente une simplicité absolument enfantine qui en permet l'usage à tous les soldats ; bien
plus, ce qui est une condition de son succès, il amuse et il fait
réfléchir. Son prix de revient comparé à celui des télémètres en
usage présente une facilité d'emploi inconnue jusqu'ici. La
rapidité avec laquelle on arrive à s'en servir n'est pas négli-
geable non plus et permet de jeter cet étalon sur tous les objectifs
aussi fugitifs qu'ils peuvent se présenter. Bref, *rapidité, éco-
nomie, simplicité d'emploi,* tels sont les avantages que nul ne
peut lui refuser.

A côté de cela, si l'on ne se laisse pas trop séduire par ces
avantages un peu extérieurs et même un peu superficiels, on
s'aperçoit que ce procédé présente des *inconvénients* extrême-
ment ennuyeux et des causes d'erreurs difficiles à évaluer en
grandeur et en signe, par suite des variations subites et bizarres
dans les distances trouvées.

D'abord nos quatre gros sous, à supposer que nous les ayons dans
notre poche, supposition qui ne peut être un argument, doivent
être à l'effigie de Napoléon III, premier inconvénient. D'autre
part, il faut les tenir superposés non par la tranche, mais par le
plat, deuxième difficulté augmentée par le froid et l'engourdis-
sement des doigts qui s'en suit. Enfin il faut mettre en ligne de
compte le tremblement de la main, tremblement naturel à beau-
coup de personnes même bien portantes et qui augmente lorsque
le bras est tendu et maintenu quelque temps dans cette position.
Et le général Percin dit :

« *En fait les mouvements de la main contrarient cette lecture,*
mais on le remplace par l'évaluation de la longueur couverte par
la comparaison avec les dimensions connues de l'objectif. »

Avant d'examiner les causes d'erreurs, deux mots sur *l'approximation* à demander au procédé.

Aux grandes distances, une approximation de 50 à 100 mètres est nécessaire, une erreur de 100 mètres est un maximum qu'il ne faudrait pas dépasser.

Or on néglige, ce qui est une cause d'erreur, la *pente*.

Disons tout de suite que cette erreur est généralement insignifiante.

Par exemple, supposons une distance de 800 mètres et une pente de 3 p. 100.

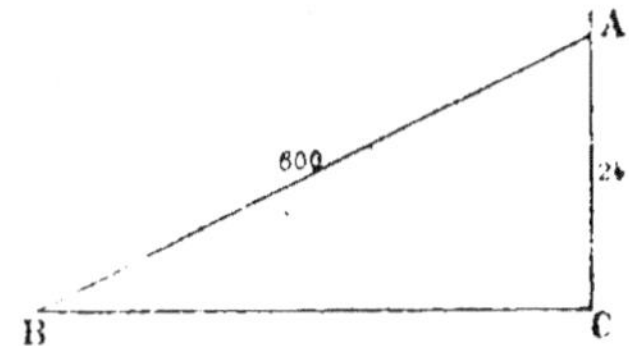


Le triangle rectangle A B C nous donne :

$$\overline{BC}^2 = \overline{AB}^2 - \overline{AC}^2,$$
$$x^2 = \overline{800}^2 - \overline{24}^2,$$
$$x = 782 \text{ mètres.}$$

On voit que cela a peu d'importance ; il est vrai que la pente est faible et la distance moyenne. Mais ce calcul montre, résultat important, que *l'approximation ne peut être demandée qu'à 50 mètres au minimum* et qu'il ne s'agit pas là d'un procédé d'une certitude mathématique.

Revenons aux causes d'erreurs inhérentes au procédé des sous.

La première provient de ce qu'il faut tenir nos sous à une distance exacte de l'œil, à 65 centimètres, pour réaliser cet angle du centième indispensable à l'évaluation, même approchée, de la mesure à exécuter. En effet, il faut évidemment s'arranger pour avoir le moins d'erreurs accidentelles, par suite difficilement appréciables en grandeur et en signe, afin d'arriver à n'avoir plus que l'erreur finale inévitable que l'on commet sur la hauteur de l'objectif et que l'on peut, par l'éducation de la vue, le développement de la faculté de comparaison et au besoin une bonne lorgnette, réduire à son minimum.

Or si nous avons affaire à un objectif mobile se présentant par le flanc, comme l'est un cavalier au galop défilant devant nous,

nous n'obtiendrons pas immédiatement la superposition de la pile à la silhouette totale ou partielle du cavalier ; il nous faudra fatalement le suivre dans sa course, pendant un temps si court qu'on le voudra, mais il le faudra ; notre corps ne fera plus face au cavalier, et le bras inévitablement au lieu de décrire un arc de 65 centimètres de rayon, décrira un arc de spirale, de sorte qu'au bout d'un moment, lorsque la comparaison visuelle se fera, la distance de l'œil à la pile sera forcément inférieure à 65 centimètres.

D'autre part, le *fantassin* français est d'une taille inférieure à 1 m. 65, taille moyenne du *soldat* français, et ceci est absolument évident pour les bataillons de chasseurs à pied. La raison générale de cette infériorité est très simple, puisque l'on classe les hommes les plus grands dans les cuirassiers, les artilleurs et les dragons. D'ailleurs, sans entrer dans aucune discussion d'anatomie humaine, l'homme normalement constitué a, pour une taille de 1 m. 65, une distance de l'œil à la main, le bras étant allongé, bien inférieure à 65 centimètres. Prouvons-le par la photographie que le général Percin a mise à l'intérieur de sa brochure ; je mesure la hauteur de ce fantassin, la distance de la pile à son œil, et je fais une règle de trois en supposant, à priori, que cette distance équivaut à 65 centimètres. Résultat : le fantassin a au moins 1 m. 70... ce que j'ai été vérifier moi-même au 104ᵉ, à la caserne de Latour-Maubourg.

Donc, gradé ou non, *notre fantassin est obligé de reporter la tête très en arrière*, ce qui le gênera dans la visée, et, en général, il tiendra sa pile à une distance inférieure à 65 centimètres de son œil.

Et même, considérons un fantassin dont la distance entre l'œil et la pile soit supérieure à 65 centimètres ; il le sait : il devra donc plier soit le coude, soit le poignet, et il le pliera toujours trop, parce qu'on a une tendance à rapprocher de l'œil les objets que l'on fixe, et que chacun a l'habitude instinctive de se tenir plutôt en dessous qu'au-dessus d'une limite que l'on connaît, crainte précisément de la dépasser et même d'exagérer.

Finalement, la longueur de 0ᵐ,65 obtenue sans ficelle, subterfuge que renie d'ailleurs le général Percin, n'est pas toujours réalisée, tant s'en faut. Il en résulte une erreur que l'on peut calculer au moyen de la formule trouvée plus haut :

$$y = \frac{(p - p')\,\mathrm{H}}{h}.$$

*Exemple :*

$$p = 65^{\mathrm{cm}}, \quad p' = 62^{\mathrm{cm}}, \quad \mathrm{H} = 8^{\mathrm{m}}, \quad h = 0,0065.$$

Appliquons la formule, on trouve une erreur de 36 mètres sur 800 mètres. C'est peu de chose, mais nous n'avons considéré qu'une faible erreur de 3 centimètres.

La troisième cause d'erreur provient d'une fausse estimation de la hauteur de l'objectif ou de la hauteur couverte dans l'objectif par l'étalon. Nous avons trouvé la formule :

$$y = 100\,\mathrm{E}.$$

*Exemple.* — Si l'erreur est de 2 mètres sur une maison de 10 mètres de haut, nous nous trompons tout de suite de 200 mètres, *en plus ou en moins,* sur 1000 mètres. ce qui donne 800 ou 1200 mètres.

*Conclusion.* — Si l'on ne connaît pas exactement la hauteur, on a intérêt à prendre un angle plus grand ou $\dfrac{p}{h}$ égale à 25 ou 50, ce que nous avons déjà dit.

Bien plus, si nous supposons que les deux erreurs précédentes existent à la fois, nous ignorons si elles se compensent, si elles s'ajoutent ou si elles se retranchent. Nous savons peut-être qu'elles existent, mais nous ignorons et leur signe et leur grandeur. Car nous avons vu qu'en général on commet une erreur négative sur la distance de l'œil à l'étalon et, d'autre part, *on donne généralement aux objets une hauteur inférieure à leur hauteur réelle,* ce qui est une simple constatation, et donne une deuxième erreur négative.

Peut-être que se trouvant à côté d'un poteau ou d'un arbre, on évaluera exactement sa hauteur, parce qu'alors on comparera dans le même plan horizontal sa propre hauteur ou celle d'un camarade à la hauteur de l'objectif voisin. Mais les objets paraissent, ce qui semble une naïveté, d'autant plus petits qu'ils sont plus loin, et on n'a plus peut-être les mêmes repères précis. Les aurait-on même, sait-on s'ils sont situés dans le même plan vertical et au niveau de l'objectif.

Je suis persuadé, quant à moi, que l'on commet deux erreurs négatives qui s'ajoutent ; l'erreur finale est alors considérable.

La formule générale trouvée dans ce cas est :

$$y = 100\,\mathrm{E} + \frac{e\,(\mathrm{H} + \mathrm{E})}{h}.$$

*Exemple.* — Un poteau télégraphique d'une hauteur évaluée à 5 mètres est couvert complètement par la pile de sous ; après vérification, ce qui est facile en comptant à la lorgnette le nombre des isolateurs, on trouve $6^{\mathrm{m}},50$ (puisqu'il n'y a que deux modèles de ces poteaux en France). D'autre part, l'observateur est petit et n'a tenu ses sous qu'à 61 centimètres de l'œil. La distance trouvée est donc de 500 mètres. Quelle est la vraie distance ?

$$\mathrm{E} = 1^{\mathrm{m}},50,$$
$$e = 0^{\mathrm{m}},04,$$
$$\mathrm{H} = 5 \text{ mètres},$$
$$h = 0,0065,$$

$$y = 100 \times 1,50 + \frac{0,04\,(6,50)}{0,0065} = 190 \text{ mètres}.$$

En résumé, la distance était de 700 mètres au lieu de 500 ; c'est donc une erreur de près du tiers.

Et même, mettons les choses au mieux, et supposons que les erreurs se soient retranchées, c'est une erreur de 100 mètres au moins que l'on commettait. Et c'est là, on l'avouera franchement, un fait parfaitement possible.

En tout cas, ce que je veux retenir de cet exemple, c'est ce fait indiscutable que l'on peut commettre deux grosses erreurs dont on n'est pas prévenu ; bien plus, se douterait-on qu'elles existent, on ignore tout de ce qui peut constituer un degré de précision quelconque sur leur existence en signe et en grandeur.

Enfin, dans le cas d'objectifs très éloignés, et que ne couvre pas l'étalon, le général Percin ne prend plus qu'un ou deux sous, en multipliant par 4 ou 2 la distance ainsi obtenue, l'étalon étant quatre fois ou deux fois plus petit que la pile de quatre sous. Or la hauteur de l'étalon n'est plus que de $\dfrac{6,5}{4}$ ou $1^{\mathrm{m}},625$

et de $\dfrac{6,5}{2} = 3^m,25$, c'est-à-dire quelque chose d'infime quand on regarde cela à bout de bras. On n'a plus aucune certitude sur la distance, quoi qu'en dise le général, par suite du tremblement de la main.

### III. — Peut-on remplacer la pile de quatre gros sous par un objet plus militaire ?

C'est alors que je me suis posé le problème suivant : obtenir un télémètre plus militaire, encore moins coûteux et reposant sur l'emploi d'un objet facile à trouver dans le bagage du soldat.

*Les conditions du problème* étaient toujours :

1º Conserver, vu son emploi facile, l'angle du centième ;

2º Trouver entre cet objet et l'œil une distance fixe et invariable pour tous les hommes, distance qui, divisée par la hauteur, invariable elle aussi, de l'objet choisi comme étalon, donnerait, de même qu'avec la pile de sous, le nombre 100 pour quotient ;

4º Obtenir une fixité plus grande lorsque le regard de l'observateur projetterait l'étalon trouvé sur l'objectif dont il voudrait connaître la distance à lui-même.

Or on connaît depuis longtemps les remarques suivantes :

Le grain d'orge du guidon du fusil cache :

  À 500 mètres, le fantassin des pieds au sommet de la tête ;

  À 400 mètres, le fantassin des pieds aux épaules ;

  À 200 mètres, le fantassin des pieds à la ceinture.

J'ai eu l'idée de mesurer, non pas la hauteur du grain d'orge, mais celle du *guidon*, embase et grain d'orge ensemble. *Cette hauteur mesurée par le milieu est égale à 11 millimètres. La distance théorique de l'œil du tireur au guidon du fusil dans la position réglementaire est de* $1^m,10$. Quelques mesures faites sur les meilleurs tireurs de ma compagnie, quelle que fût leur taille, me montrèrent la réalisation pratique de cette longueur de $1^m,10$, en même temps que sa constance presque absolue. Et même cette longueur ne serait-elle pas tout à fait réalisée, il est facile de marquer sur le fusil un *trait de repère* à l'encre indiquant à quelle distance exacte du guidon doit être placé l'œil.

L'œil ne s'y placera pas tout à fait, mais une erreur de 1 ou 2 centimètres sur 1<sup>m</sup>,10 est insignifiante, alors que tout à l'heure nous étions en présence d'erreurs de 5 à 6 centimètres sur 0<sup>m</sup>,65. Ce trait aurait l'avantage d'habituer le soldat à tirer dans la position réglementaire, puisque la distance de 1<sup>m</sup>,10 sert dans le calcul des hausses théoriques. Enfin, un observateur peut, au moyen de ce repère, se rendre compte sur les soldats si l'erreur commise dans la distance de l'étalon à l'œil est positive ou négative.

*L'angle du centième est réalisé, et le guidon remplace la pile de quatre gros sous.*

On peut aussi mesurer avec le guidon la distance qui sépare l'observateur d'objectifs vus en largeur. En effet, le rapport entre la distance du guidon à l'œil et la largeur supérieure de l'embase est très voisin de 150 (exactement 147).

*Quels sont les avantages du procédé.* — Tous ceux que je voulais obtenir par ce procédé sont obtenus :

1) Angle du centième ;

2) Fixité aussi grande que possible de l'étalon, avec la réalisation possible d'une immobilité parfaite au moyen d'un appui ;

3) Objet militaire courant, prix de revient nul.

De plus, théoriquement, en supposant une même erreur sur la distance de l'œil à l'étalon dans le procédé des sous et dans celui du guidon, l'erreur sur la distance que l'on trouve est près du double dans le premier cas de ce qu'elle est dans le second.

Enfin, mon guidon décrira toujours un arc de cercle, quel que soit l'objectif mobile qui se déplace devant le canon de mon fusil.

Bien plus, *le soldat peut évaluer sa distance et tirer au moment voulu. Le gradé qui se trouve être le chef d'un petit groupe dans la marche d'approche peut donc, s'il a conservé son sang-froid, non seulement diriger les fusils de ses camarades, mais encore leur donner une hausse à peu près exacte.*

En somme, il ne reste plus qu'une erreur, c'est l'erreur due à l'ignorance où l'on est de la hauteur exacte de l'objectif. Nous verrons plus loin comment on peut la réduire à son minimum.

*Quels sont maintenant les inconvénients ?* — Le premier consiste en ce que l'étalon n'est pas fractionnable comme la pile de sous. C'est là un inconvénient que l'on pourrait diminuer en partageant en quatre par des traits au minium la hauteur de l'embase. Le deuxième provient de ce que la tranche de l'embase étant, par suite de l'insertion du guidon sur le canon, plus haute de $0^{mm},8$ que la partie médiane de cette embase, on commet une erreur en visant par la ligne brisée formée par la tranche de l'embase et le guidon.

Il est cependant facile, comme je m'en suis convaincu par des expériences faites dans ma compagnie, de viser par la hauteur verticale médiane du guidon. Cependant si l'on tient à viser par la tranche de l'embase et le grain d'orge, il suffira de faire une correction au résultat final *en en retranchant 7 p. 100. On connaît donc là encore la grandeur et le signe de l'erreur commise.*

*Exemple.* — Un poteau télégraphique de $6^m,50$ est couvert par toute la tranche verticale du guidon. Quelle est la distance exacte ?

C'est $6^m,50 \times 100 = 650$ mètres, moins $6^m,50 \times 7$, soit 600 mètres environ.

De même pour les *objectifs vus en largeur.*

*Exemple.* — Une colonne de cavalerie se présente par quatre devant nous. L'embase la couvre entièrement. Quelle est la distance qui nous sépare de cette colonne.

Une colonne de cavalerie par quatre occupe un front de 4 mètres.

La distance cherchée est donc de 4 mètres $\times 150 = 600$ mètres, moins l'erreur qui est de 6 mètres $\times 3 = 18$ mètres ; *elle est donc absolument insignifiante.*

## IV. — Quelques remarques sur les objectifs qu'il convient de choisir dans ces procédés

Le général Percin indique que, dans les reconnaissances, on peut avoir à évaluer les distances courtes ; rien n'empêche de le faire aussi dans la défensive, avec les deux procédés, plutôt que de mesurer les distances au pas : à ce moment, on peut se servir du guidon et des sous, puisque l'on dispose d'un certain temps : deux procédés valent mieux alors qu'un seul, même excellent.

Mais le tir sera le cas le plus général et le plus fréquent dans lequel on pourra avoir à faire une évaluation approchée des distances.

En particulier, le chef d'un petit poste doit songer à repérer les distances qui le séparent de différents points, d'où il croit que l'ennemi pourra peut-être déboucher. Des arbres semblables à ceux qu'il a près de lui, des poteaux télégraphiques, les sentinelles qu'il a postées et qu'il fait se découvrir pendant un temps très bref pour courir à des emplacements en avant, serviront à cette opération.

Remarquons qu'avec la balle D de la guerre prochaine, on ne prendra qu'une seule hausse jusqu'à 600 mètres. Aussi devient-il inutile pour le soldat d'évaluer des distances telles que 250 ou 400 mètres. Au delà de 600 mètres, l'observation télémétrique d'êtres animés, surtout doués d'une vitesse de déplacement assez grande, me semble parfaitement impossible, et le général Percin, indique dans ce cas l'emploi d'objectifs auxiliaires, le mur que longe un fantassin ou un cavalier, la ferme où entre un homme. *Or, ceci n'est à la portée ni du soldat, ni du gradé, car il faut la lorgnette de l'officier.*

Aussi suis-je d'avis de ne jamais se servir que d'*objets inanimés* qui, somme toute, sont nombreux et facilement repérables en pleine campagne.

Au delà de 800 mètres, le prisme télémètre n'offre qu'un champ très faible, et le temps nécessaire pour opérer, si vite que l'on aille, croît plus que proportionnellement avec l'augmentation de la distance. De plus on y voit mal les objets, surtout par le brouillard.

D'autre part, en supposant l'angle du centième parfaitement réalisé, nous avons vu que les erreurs commises dans l'évaluation des distances par les procédés stadimétriques, dépendent essentiellement de l'erreur commise dans l'évaluation de la hauteur couverte par l'étalon. On sera, faute de lorgnette, obligé de se servir d'objets inanimés, qui seront, par suite, d'une assez grande hauteur, *d'autant plus qu'on a toujours intérêt à ce que l'objectif dépasse l'étalon.*

Mais, en se servant d'objectifs inanimés, *l'erreur relative sur la distance* ou quotient de l'erreur sur la distance par cette distance, erreur que l'on peut appeler encore *erreur au mètre,* sera alors plus grande que dans le cas d'êtres animés.

— 18 —

*Exemple.* — Nous nous servons d'un seul sou : il couvre un cavalier de taille évaluée à 2$^m$,50 : la distance est donc de 2$^m$,50 $\times$ 4 = 1000 mètres.

Or, nous nous sommes trompés ; en réalité le cavalier n'a que 2$^m$,40 (hussard). Nous commettons donc une erreur de 0$^m$,10 $\times$ 400 = 40 mètres, ou une erreur relative de 1/25$^e$ : soit 4 p. 100.

Au lieu de cela, la pile de sous couvre une maison d'une hauteur évaluée à 10 mètres. Elle est donc à 1000 mètres, elle aussi. Mais la maison n'a que 9 mètres de haut ; l'erreur est donc de 100 mètres, l'erreur relative de 1/10$^e$ ou 10 p. 100.

Cela, quoique presque évident, méritait d'être signalé. On remarquera que nous avons pris, comme erreurs de hauteur, des erreurs très vraisemblables relativement à la nature des objectifs.

## Conclusion.

*Il faut choisir des objectifs inanimés dont la reconnaissance est à la fois la plus facile et la moins sujette à erreur.* D'où le tableau suivant :

| OBJECTIF. | HAUTEUR. | ERREUR ABSOLUE maxima. | ERREUR sur LA DISTANCE. | ERREUR RELATIVE. |
|---|---|---|---|---|
| | | mètres. | mètres. | pour cent. |
| Maison à la campagne (1 étage).. | 7 à 8 mètres | 1,00 | 400 sur 700 à 800 | 12 |
| Pommiers........ | Aux environs de 5 mètres | 1,50 | 150 sur 500 | 30 |
| Peupliers........ | 15 à 25 mètres | 5,00 | 500 sur 1500 ou 2,500 | 20 à 30 |
| Mur........... | 2$^m$,20 à 3$^m$,00 | 0,50 | 50 sur 220 ou 300 | 17 à 22 |
| Meule de paille.... | Aux environs de 8 mètres | 1,50 | 150 sur 800 | 18 |
| Poteaux télégraphiques........ | 5$^m$,00 ou 6$^m$,50 | 1,50 | 150 sur 500 ou 650 | 20 à 30 |

Les deux objectifs les plus commodes sont les plus faciles à observer, donc ce sont ceux qui ont la plus grande hauteur et qui donnent lieu, d'après le tableau précédent, aux erreurs minima. Ce sont :

1º *Les poteaux télégraphiques.* — Ou bien on est sur la route le long de laquelle est le poteau visé, et la hauteur est bien déterminée : il suffit de compter les fils ; ou bien on est loin de cette route : on vise alors à la lorgnette le poteau ; au nombre d'isolateurs en porcelaine, on juge du nombre de fils.

Dans l'incertitude, on choisit la moyenne des deux hauteurs, soit $5^m,9$ ;

2º *Les maisons et surtout les fermes.* — A la vue, et mieux à la lorgnette, on peut évaluer *exactement* la hauteur en se rappelant que les fermes d'un étage ont :

7 mètres, si cet étage est mansardé ;

8 mètres, s'il y a un grenier.

La porte a $1^m,90$ ; un étage en plus a $2^m,50$ ou 3 mètres.

Pour les grandes distances, *l'emploi de la lorgnette* est non seulement utile, mais encore indispensable, si l'on ne veut pas s'exposer à des erreurs par trop grossières.

Paris. — Imp R. Chapelot et Cᵉ, rue Christine, 2.

PARIS. — IMPRIMERIE R. CHAPELOT ET Cᵒ, 2, RUE CHRISTINE.

www.ingramcontent.com/pod-product-compliance
Lightning Source LLC
LaVergne TN
LVHW020641180726
843502LV00006B/2170